# ENDLICH KÜRBISZEIT!

CARINA SEPPELT

# Endlich KÜRBISZEIT!

## HERZHAFTE UND SÜSSE REZEPTE

MIT FOTOS AUS DEM STUDIO SEIFFE

JAN THORBECKE VERLAG

**VERLAGSGRUPPE PATMOS**

**PATMOS**
**ESCHBACH**
**GRÜNEWALD**
**THORBECKE**
**SCHWABEN**

Die Verlagsgruppe
mit Sinn für das Leben

MIX
Papier aus verantwortungsvollen Quellen
FSC® C028513
FSC
www.fsc.org

Für die Schwabenverlag AG ist Nachhaltigkeit ein wichtiger Maßstab ihres Handelns. Wir achten daher auf den Einsatz umweltschonender Ressourcen und Materialien.


www.thorbecke.de

Gestaltung: Finken & Bumiller, Stuttgart
mit Dirk Wagner
Druck: Süddeutsche Verlagsgesellschaft, Ulm
Hergestellt in Deutschland
ISBN 978-3-7995-0674-8

# Inhalt

# Endlich Kürbiszeit!

Endlich ist es wieder so weit: Aus den Gärten, von Wegrändern, auf Märkten und im Supermarkt leuchten uns die Kürbisse entgegen. Jetzt ist wieder die Zeit gekommen, himmlisch leckere Kürbisgerichte zu genießen – von der beliebten Kürbissuppe hin zu ausgefalleneren Kreationen wie dem Kürbisgulasch, Kürbisgnocchi, Kürbisparfait oder Pumpkin-Pancakes. In meinem Buch habe ich meine liebsten herzhaften und süßen Kürbisgerichte zusammengestellt. Manche Klassiker haben Sie so ähnlich vielleicht schon einmal genossen, andere haben einen ganz besonderen Dreh, mit dem Sie Freunde und Familie überraschen können. Viel Spaß beim Ausprobieren!
Bevor Sie jedoch loslegen, habe ich noch ein paar Tipps für Sie:
Bitte darauf achten, dass Sie nur Speisekürbisse verarbeiten. Vor jeder Verwendung eine kleine Probe des Kürbisfleisches verkosten – schmeckt der Kürbis bitter, sofort entsorgen und einen anderen Kürbis nehmen. Manche Kürbisse enthalten nämlich bitter schmeckende Cucurbitacine, die giftig für Menschen sind. Dies kann zum Beispiel passieren, wenn Speisekürbisse mit Pollen von Zierkürbissen bestäubt werden – die Nachkommen dieser Früchte können dann die giftigen Cucurbitacine enthalten, sehen aber genauso aus wie normale Speisekürbisse. Das Gleiche gilt übrigens auch für Gurken und Zucchini, die ebenfalls zu den Kürbisgewächsen gehören.
Für viele Rezepte habe ich für die Fotos Hokkaidokürbis verwendet. Der ursprünglich aus Japan stammende Kürbis verdankt seine Beliebtheit der einfachen Handhabung: Man kann die Schale nämlich einfach mitkochen und -verzehren, da sie beim Kochen weich wird. Sie können die Rezepte aber natürlich auch mit jedem anderen Speisekürbis zubereiten – dann aber das Schälen nicht vergessen! Nur das Rezept auf Seite 59 funktioniert nur mit Spaghetti-Kürbis.
In einigen meiner Rezepte verwende ich Knoblauch. Wenn Sie keinen Knoblauch mögen oder am nächsten Tag einen wichtigen Termin haben, lassen Sie den Knoblauch einfach weg. Die Rezepte schmecken ohne diesen geruchsintensiven Begleiter (fast) genauso gut.

Genug der Tipps! Jetzt wünsche ich Ihnen einfach viel Freude beim Nachkochen und Genießen!
Ihre Carina Seppelt

# VORSPEISEN, SNACKS & SUPPEN

# Asiatische Curry-Kürbis-Suppe

*Für 4 Personen*

2 Knoblauchzehen
2 Zwiebeln
1 Stück Ingwer, ca. 3 × 3 cm
500 g Kürbis
5 EL Sesamöl
1 EL gelbe Currypaste
700 ml Gemüsebrühe
1 Dose Kokosmilch (400 ml)
200 g schwarze Linsen
200 g Tofu
400 g frisches Gemüse (z.B. Lauchzwiebeln, Paprika, Brokkoli)
Salz
Pfeffer
Zucker
2 EL Sojasoße
8 Riesengarnelen, küchenfertig
4 Spieße

1. Den Knoblauch, die Zwiebeln und den Ingwer schälen und würfeln. Den Kürbis falls nötig schälen, entkernen und das Kürbisfleisch ebenfalls würfeln. 2 EL Sesamöl in einem Topf erhitzen. Den Knoblauch, die Zwiebeln und den Ingwer darin anschwitzen. Den Kürbis und die Currypaste zugeben. Kurz mit anbraten, dann mit der Brühe ablöschen. Mit der Kokosmilch auffüllen und alles ca. 30 Minuten abgedeckt leicht köcheln lassen. Hin und wieder umrühren.

2. Die Suppe pürieren und durch ein Sieb passieren, danach wieder in einen Kochtopf füllen. Die Linsen in ein feines Sieb geben, unter laufendem Wasser gut abwaschen und zur Suppe geben. Die Suppe leicht köcheln lassen.

3. Den Tofu und das gewaschene Gemüse würfeln bzw. in mundgerechte Stücke schneiden. 2 EL Sesamöl in einer Pfanne erhitzen, das Gemüse und den Tofu darin 3–4 Minuten scharf anbraten. Mit Salz, Pfeffer und Zucker würzen. Mit der Sojasoße ablöschen und alles zur Suppe geben. Die Suppe so lange kochen, bis die Linsen gar sind.

4. Jeweils zwei gewaschene Garnelen auf einen Spieß stecken. 1 EL Sesamöl in einer Pfanne erhitzen, die Garnelenspieße darin von beiden Seiten ca. 3 Minuten anbraten. Mit Salz und Pfeffer abschmecken. Die Suppe zusammen mit den Garnelenspießen servieren.

# KOKOS-KÜRBIS-SUPPE
## MIT FEURIGEN KÜRBISKERNEN

*Für 4 Personen*

1 kleiner Hokkaidokürbis
2 Knoblauchzehen
2 Zwiebeln
4 EL Olivenöl
500 ml Gemüsebrühe
400 ml Kokosmilch
1–2 EL Chiliflocken und/oder Chilipulver
Salz
80 g Kürbiskerne
Pfeffer
2 EL gehackte Kräuter (z.B. Petersilie, Koriander)

1. Den Kürbis waschen, entkernen und grob würfeln. Den Knoblauch und die Zwiebeln schälen und fein hacken. 2 EL Öl in einem Topf erhitzen, den Knoblauch, die Zwiebeln und den Kürbis darin anschwitzen. Mit der Brühe ablöschen und mit der Kokosmilch aufgießen. Zugedeckt ca. 30 Minuten köcheln lassen. Hin und wieder umrühren.

2. In der Zeit die Kürbiskerne vorbereiten. Den Backofen auf 180 °C Ober-/Unterhitze vorheizen. In einer Schüssel die Chiliflocken und/oder das Chilipulver, Salz und 2 EL Olivenöl vermischen. Die Kürbiskerne zugeben und alles auf ein mit Backpapier ausgelegtes Backblech geben. Im Backofen ca. 8 Minuten backen.

3. Die Suppe mit einem Pürierstab pürieren. Wenn die Suppe zu dick ist, einfach mit Brühe verdünnen. Mit Salz und Pfeffer abschmecken. Die Suppe zusammen mit den Kürbiskernen und den gehackten Kräutern servieren.

# KÜRBISSUPPE
## MIT FETAKÄSE UND FRÜHLINGSZWIEBELN

*Für 4 Personen*

2 Zwiebeln
2 Knoblauchzehen
1 kleiner Kürbis
7–8 EL Olivenöl
1 l Gemüsebrühe
100 ml Orangensaft
8 Thymianzweige
200 g Fetakäse
2 Frühlingszwiebeln
Salz
Pfeffer

1. Die Zwiebeln und den Knoblauch schälen und würfeln. Den Kürbis falls nötig schälen, entkernen und grob würfeln. 3–4 EL Öl in einem Topf erhitzen, den Knoblauch, die Zwiebeln und den Kürbis darin anschwitzen. Mit der Brühe ablöschen und mit dem Orangensaft aufgießen. 5 Thymianzweige hineingeben. Zugedeckt ca. 30 Minuten köcheln lassen. Hin und wieder umrühren.

2. In der Zwischenzeit die Einlage vorbereiten. Den Fetakäse fein würfeln und die Frühlingszwiebeln in feine Ringe schneiden. Beides in einer Schüssel vermengen. Von 3 Thymianzweigen die Blätter abzupfen und in die Schüssel geben. 4 EL Olivenöl hinzugießen. Vermengen und mit Salz und Pfeffer abschmecken.

3. Die Thymianzweige aus der Suppe nehmen. Die Suppe mit einem Pürierstab pürieren. Wenn die Suppe zu dick ist, einfach mit Brühe verdünnen. Mit Salz und Pfeffer abschmecken. Die Suppe in tiefe Teller oder Gläser füllen, den marinierten Fetakäse und die Frühlingszwiebeln darauf verteilen.

# EINGELEGTER GEWÜRZ-KÜRBIS

*Für ein Glas*

400 g Kürbis
½ unbehandelte Zitrone
100 ml Essig
2 Sternanis
2–3 Stiele Rosmarin
2 EL Rosinen
3 Nelken
80 g Zucker
2 Zimtstangen
1 TL Salz

1. Den Kürbis falls nötig schälen, entkernen und würfeln. Die Zitrone heiß waschen, trocken tupfen und in dünne Scheiben schneiden.

2. Den Kürbis und die Zitrone zusammen mit allen restlichen Zutaten in einen Topf geben, 300 ml Wasser zugießen und aufkochen. Ca. 3 Minuten köcheln lassen.

3. Heiß in ein sterilisiertes Einmachglas füllen. Gut verschließen und 10 Minuten auf den Kopf stellen. Der Gewürzkürbis hält sich bei kühler Lagerung einige Wochen und schmeckt am besten zu frischem Brot.

Mit Liebe
gemacht

# KÜRBIS-HUMMUS

*Für 4 Personen*

1 Dose Kichererbsen (265 g Abtropfgewicht), vorgekocht
5 EL Sesam
1 Knoblauchzehe
1 kleine Zwiebel
250 g Kürbis
Kreuzkümmel
Salz
1 Frühlingszwiebel, in Ringe geschnitten

1. Die Kichererbsen durch ein Sieb abgießen, dabei die Flüssigkeit auffangen. Den Sesam in einem Topf ohne Öl anrösten. Den Knoblauch und die Zwiebel schälen und fein hacken. Die aufgefangene Flüssigkeit zugießen. Den Kürbis falls nötig schälen, entkernen und würfeln. Die Kürbiswürfel, den Knoblauch, die Zwiebel und die Gewürze in den Topf geben und ca. 10 Minuten leicht köcheln lassen.

2. Den Topf vom Herd ziehen, die Kichererbsen zugeben und alles mit einem Stabmixer zu einer dicken Masse pürieren. Den Hummus in eine Schale füllen und kaltstellen. Vor dem Servieren mit den Frühlingszwiebeln bestreuen.

# ROGGENCROSTINI

*Für 8 Crostini*

150 g Kürbis
1 Schalotte
8–10 Walnüsse
6 EL Olivenöl
1 TL Schwarzkümmel
2 EL weißer Balsamico
Salz
Pfeffer
1 EL Honig
150 g Fetakäse
etwas gewaschener grüner Salat
4 Scheiben Roggenbrot
1 Knoblauchzehe, geschält und halbiert

1. Den Backofen auf 200 °C Ober-/Unterhitze vorheizen. Den Kürbis falls nötig schälen, entkernen und in kleine Würfel (ca. 1 × 1 cm) schneiden. Die Schalotte schälen und fein würfeln. Die Walnüsse grob hacken. 2 EL Öl in einer Pfanne erhitzen. Den Kürbis darin scharf anbraten, die Schalotte, die Walnüsse und den Schwarzkümmel zugeben. Mit dem Essig ablöschen und mit Salz, Pfeffer und Honig abschmecken. Alles in eine Schale geben und abkühlen lassen.

2. Den Fetakäse würfeln, den Salat in feine Streifen schneiden und beides zum Kürbis geben. Die Brote halbieren, mit der halbierten Knoblauchzehe einreiben und mit jeweils ½ EL Öl beträufeln. Auf ein Backblech legen und im Backofen ca. 5 Minuten knusprig backen. Die Kürbis-Feta-Masse auf den warmen Brotscheiben verteilen und servieren.

# ZIEGENFRISCHKÄSE
## MIT KÜRBIS

*Für 4 Personen*

150 g Kürbisfleisch
Salz
150 g Ziegenfrischkäse
Pfeffer
Honig
Rosa Pfefferbeeren zum Garnieren

1. Den Kürbis falls nötig schälen, entkernen, würfeln und in Salzwasser weichkochen. Ein Sieb mit einem Küchentuch auslegen. Den Kürbis in das Tuch abschütten, abkühlen lassen und dann die Flüssigkeit so gut es geht ausdrücken.

2. Das Kürbisfleisch mit dem Frischkäse pürieren, mit Salz, Pfeffer und Honig abschmecken. Mit Rosa Pfefferbeeren bestreuen. Mit Brotchips oder frisch gebackenem Baguette servieren.

# SAFTIGES KÜRBISBROT

*Für ein kleines Brot*

100 ml Milch
20 g Butter
1 Prise Salz
20 g Zucker
½ Würfel Hefe
300 g Kürbis
350 g Mehl
Butter + Mehl für die Form

1. Die Milch lauwarm erhitzen, die Butter, das Salz, den Zucker und die Hefe zugeben. Den Kürbis falls nötig schälen, entkernen und raspeln. Das Mehl und die Kürbisraspel in einer großen Rührschüssel vermischen. Wenn die Hefe in der Milch aufgelöst ist, die Flüssigkeit in die Rührschüssel geben und alles miteinander verkneten, bis ein gleichmäßiger Teig entsteht. Den Teig an einem warmen Ort ca. 30 Minuten gehen lassen.

2. In der Zwischenzeit eine Brotbackform erst mit Butter auspinseln und dann mit Mehl bestäuben. Den Teig noch einmal durchkneten und in die Backform legen. Nochmals ca. 30 Minuten gehen lassen. Den Backofen auf 190 °C Ober-/Unterhitze vorheizen. Das Brot im vorgeheizten Backofen ca. 40–50 Minuten backen.

# PÜREE-DUO
## MIT FRISCHKÄSENOCKEN

*Für 4 Personen*

**Rotwein-Kartoffelpüree**
1 kg blaue Kartoffeln
200 ml Milch
200 ml Rotwein
Salz
Pfeffer
Muskat
2 EL Butter

**Kürbispüree**
1 kg Kürbis
200 ml Gemüsebrühe
200 ml Milch
Salz
Pfeffer
2 EL Butter

**Frischkäsenocken**
200 g Frischkäse
4 EL gehackte Petersilie
Rosa Pfefferbeeren

1. Für das Kartoffelpüree die Kartoffeln schälen, in kleinere Stücke (ca. 1 × 1 cm) schneiden und zusammen mit der Milch und dem Rotwein in einem Topf ca. 15 Minuten köcheln lassen. Evtl. Flüssigkeit nachgießen. Nach dem Kochen mit einem Kartoffelstampfer zu einem Püree stampfen. Mit Salz, Pfeffer und Muskat würzen. Die Butter unterheben.

2. Für das Kürbispüree den Kürbis in kleine (ca. 1 × 1 cm) Stücke schneiden und zusammen mit der Brühe und der Milch in einem Topf ca. 15 Minuten köcheln lassen. Evtl. Flüssigkeit nachgießen. Nach dem Kochen mit einem Kartoffelstampfer zu einem Püree stampfen. Mit Salz und Pfeffer würzen. Die Butter unterheben

3. Für die Frischkäsenocken auf einen Teller gehackte Petersilie und auf einen anderen Teller zerstoßene Rosa Pfefferbeeren geben. Mit Hilfe von zwei Teelöffeln aus dem Frischkäse acht Nocken formen und jeweils vier in den Pfefferbeeren und vier in der Petersilie wälzen.

4. Die Pürees zusammen mit den Frischkäsenocken servieren. Dazu passt Salat.

# KÜRBIS IM SPECKMANTEL

*Für 12 Stück*

12 Stücke Kürbis, geschält und entkernt (ca. 4 × 2 × 2 cm)
6 Scheiben Speck (bevorzugt Pancetta)
Pfeffer
Salz
Olivenöl zum Braten
12 Holzspieße
Petersilie zum Garnieren

1. Die Kürbisstücke in kochendem Salzwasser ca. 4 Minuten bissfest garen. Abgießen, abschrecken und trocken tupfen. Die Speckscheiben halbieren und jeweils ein Stück Speck um ein Stück Kürbis wickeln. Mit Pfeffer und Salz würzen.

2. Etwas Öl in einer Pfanne erhitzen. Die eingewickelten Kürbisstücke darin vorsichtig von allen Seiten ca. 6 Minuten anbraten. Den Kürbis im Speckmantel mit Spießen auf einer Platte anrichten, mit Petersilie und Pfeffer garnieren und servieren.

# KÜRBIS IN TEMPURA

*Für 4 Personen*

1 kleiner Kürbis
200 g Tempura-Mehl
Salz
Pfeffer
Öl zum Frittieren

**Sesam-Soja-Dip**
2 EL Sojasoße
1 EL Sesam
2 EL geröstetes Sesamöl
2 EL Reisessig
Koriander, gehackt
Zucker

1. Für den Kürbis in Tempura den gewaschenen Kürbis halbieren, falls nötig schälen, entkernen und in sehr dünne Streifen schneiden. Das Tempura-Mehl mit Salz, Pfeffer und etwas kaltem Wasser verrühren, so das ein dickflüssiger, klumpenfreier Teig entsteht.

2. Das Öl zum Frittieren in einem Topf erhitzen. Die Kürbisstreifen durch den Tempurateig ziehen und im heißen Fett kross ausbacken.

3. Alle Zutaten für den Dip miteinander verrühren und zusammen mit den frittierten Kürbisstreifen servieren.

# KARTOFFEL-KÜRBIS-RÖSTI MIT SCHNITTLAUCHQUARK UND KÜRBISKERNÖL

*Für 4 Personen*

**Rösti**
400 g festkochende Kartoffeln
Salz
1 große Zwiebel
400 g Kürbis
Pfeffer
Öl zum Braten
4 EL Kürbiskernöl

**Schnittlauchquark**
250 g Magerquark
1 EL Zitronensaft
1 Knoblauchzehe
½ Bund Schnittlauch
Salz
Pfeffer
Zucker

1. Die Kartoffeln mit der Schale in Salzwasser 15 Minuten halb gar kochen, abgießen, abkühlen lassen und pellen.

2. Den Quark mit dem Zitronensaft verrühren. Den Knoblauch schälen, durch eine Knoblauchpresse pressen und zum Quark geben. Den Schnittlauch waschen, in feine Ringe schneiden und ebenfalls zum Quark geben. Alles gut verrühren und mit Salz, Pfeffer und Zucker abschmecken.

3. Die Zwiebel schälen und fein würfeln. Den Kürbis falls nötig schälen und entkernen. Die halb garen Kartoffeln und den Kürbis auf einer Reibe grob raspeln und in einer Schüssel mit den Zwiebelwürfeln mischen, mit Salz und Pfeffer würzen.

4. 4 EL Öl in einer Pfanne erhitzen. Aus der Masse nach und nach die Rösti formen und bei mittlerer Hitze von beiden Seiten 4–5 Minuten knusprig goldbraun braten. Die Masse ergibt ca. 12 Rösti. Jeweils drei Rösti auf einen Teller übereinanderlegen, den Schnittlauchquark darauf verteilen und mit 1 EL Kürbiskernöl übergießen.

# GEGRILLTE KÜRBISSPIESSE

*Für 4 Spieße*

500 ml Gemüsebrühe
250 g Kürbis
1 Knoblauchzehe
3 EL Olivenöl
1 Prise Salz
1 EL Zucker
1 TL Senf
Saft von ½ Zitrone
250 g Schweinelachse
2 Frühlingszwiebeln
Salz
Pfeffer
Petersilie
Barbecue-Soße

1. Die Brühe aufkochen. Den Kürbis falls nötig schälen, entkernen, in 8 Würfel schneiden und in der Brühe in 4 Minuten bissfest kochen. Den Kürbis aus der Brühe nehmen und mit kaltem Wasser abschrecken.

2. Den Knoblauch schälen und hacken. Das Öl, das Salz, den Zucker, den Knoblauch, den Senf und den Zitronensaft miteinander verrühren. Das Fleisch in acht Würfel schneiden und in die Marinade geben. Abgedeckt eine Stunde im Kühlschrank ziehen lassen.

3. Die Frühlingszwiebeln in acht große Stücke schneiden. Das Fleisch, den Kürbis und die Fruhlingszwiebeln abwechselnd auf vier Spieße stecken. Mit Salz und Pfeffer würzen und auf dem Grill von allen Seiten insgesamt ca. 8 Minuten grillen. Vor dem Servieren mit Petersilie bestreuen. Mit Barbecue-Soße servieren.

# HAUPT-
# GERICHTE

# APFEL-KÜRBIS-PIZZA

*Für eine Pizza*

1 frischer Pizzateig zum Ausrollen
100 g Crème fraîche
Salz
Pfeffer
50 g geriebener Käse
200 g Kürbis
1–2 Äpfel
2 EL Schnittlauch in feinen Ringen
Rosa Pfefferbeeren

1. Den Backofen auf 200 °C Ober-/Unterhitze vorheizen. Den Pizzateig ausrollen und auf ein mit Backpapier ausgelegtes Backblech legen. Die Crème fraîche darauf verteilen und mit Salz und Pfeffer würzen. Den Käse darüberstreuen.

2. Den Kürbis falls nötig schälen. Die Äpfel und den Kürbis entkernen und in dünne Scheiben schneiden. Abwechselnd auf der Pizza verteilen.

3. Die Pizza im vorgeheiztem Backofen ca. 15 Minuten backen. Nach dem Backen Schnittlauch und Rosa Pfefferbeeren darüber verteilen.

# CURRY-KOKOS-COUSCOUS
## MIT GEBACKENEM KÜRBIS UND MARINIERTEM SALAT

*Für 4 Personen*

**Gebackener Kürbis**
1 kleiner Kürbis
Salz
1 EL Paprika edelsüß
Mehl
4 EL Olivenöl
4 EL Butter

**Couscous**
250 ml Wasser
250 ml Kokosmilch
Curry
Kreuzkümmel
Salz
Pfeffer
200 g Instant-Couscous

**Salat**
1 Romanasalat
2 EL Sesamöl
2 EL Sojasoße
2 EL Reisessig
1 EL Zucker
einige Blätter Koriander

1. Den Backofen auf 180 °C Ober-/Unterhitze vorheizen. Den Kürbis falls nötig schälen, entkernen und anschließend in ca. 1,5 × 1,5 cm große Würfel schneiden. Mit Salz und Paprika würzen und in Mehl wenden.

2. Das Olivenöl und die Butter in einer Pfanne erhitzen. Nur so viele Würfel in die Pfanne geben, dass der Boden bedeckt ist. Die Würfel nach und nach kross braten. Die fertigen Würfel auf ein Backblech geben und zum Warmhalten in den Backofen schieben.

3. Für den Couscous das Wasser mit der Kokosmilch und den Gewürzen in einem Topf aufkochen. Von der heißen Herdplatte ziehen, den Couscous einrühren und zugedeckt ca. 10 Minuten ziehen lassen.

4. Den Salat waschen, trocken schleudern und in feine Streifen schneiden. Aus dem Sesamöl, der Sojasoße, dem Reisessig und dem Zucker ein Dressing herstellen. Den Salat damit marinieren.

5. Zuerst den Couscous in eine Schale geben, dann den marinierten Salat darauf verteilen und mit den gebackenen Würfeln garnieren. Zum Schluss mit gehacktem Koriander bestreuen.

# KÜRBIS-WIRSING-EINTOPF
## MIT HIRSCHRÜCKENSTREIFEN UND PREISELBEERSAHNE

*Für 4 Personen*

1 kleiner Wirsing
1 kleiner Kürbis
1 Zwiebel
1 l Wildfond
Salz
Pfeffer
200 ml Sahne
4 EL Wildpreiselbeeren aus dem Glas
500 g Hirschrückenfilet
2 EL Öl
2 EL Schnittlauch, in feine Röllchen geschnitten

1. Den Wirsing putzen, vierteln, in feine Streifen schneiden und gründlich waschen. Den Kürbis falls nötig schälen, entkernen und würfeln. Die Zwiebel schälen und fein hacken.

2. Den Wildfond zusammen mit dem Gemüse in einen großen Topf geben, langsam aufkochen. Mit Salz und Pfeffer würzen. Ca. 20 Minuten köcheln lassen.

3. Die Sahne mit dem Handmixer steif schlagen. Die Preiselbeeren vorsichtig unterheben und die Sahne abgedeckt bis zum Servieren kaltstellen.

4. Vor dem Servieren das Fleisch in Streifen schneiden, mit Salz und Pfeffer würzen. Das Öl in einer Pfanne erhitzen, die Hirschfiletstreifen darin von allen Seiten ca. 2 Minuten scharf anbraten.

5. Den heißen Eintopf in Suppenschalen füllen, jeweils 1–2 EL Preiselbeersahne und die Hirschrückenfiletstreifen darauf verteilen und mit Schnittlauch bestreuen.

# OFENKÜRBIS
## MIT CHILI-MAYONNAISE

*Für 4 Personen*

**Kürbis**

½ großer Kürbis
300 ml Gemüsebrühe
3 Knoblauchzehen
5 EL Olivenöl
Saft von 1 Zitrone
Salz
Pfeffer
1 TL Zucker
3 Stiele Rosmarin

**Chili-Mayonnaise**

2 frische Eigelb
½ TL Senf
1 Spritzer Balsamicoessig
1 Msp. Chiliflocken
½ TL Cayennepfeffer
250 ml Pflanzenöl
Salz
Pfeffer
Zucker

1. Den Backofen auf 200 °C Ober-/Unterhitze vorheizen. Den Kürbis entkernen, rautenförmig bis fast zur Schale einschneiden und in eine feuerfeste Form legen. Die Gemüsebrühe in die feuerfeste Form gießen, nicht über den Kürbis.

2. Den Knoblauch schälen. Das Olivenöl, den Knoblauch, den Zitronensaft, Salz, Pfeffer und Zucker in einen Messbecher geben und mit einem Pürierstab fein pürieren. Die Flüssigkeit über den Kürbis gießen, sodass auch etwas in die Schnittflächen läuft. Den Kürbis mit Rosmarinnadeln bestreuen und ca. 30–40 Minuten im Backofen backen.

3. In der Zwischenzeit die Mayonnaise vorbereiten. Die Eigelbe, den Senf, den Balsamico, die Chiliflocken und den Cayennepfeffer glattrühren. Das Öl langsam unter Rühren dazugießen. Mit Salz, Pfeffer und Zucker abschmecken. Die Mayonnaise innerhalb eines Tages verzehren.

# OFENKÜRBIS
## MIT ZIEGENKÄSE, HONIG UND ROSMARIN

*Für 4 Personen*

1 Hokkaidokürbis
200 g Ziegenfrischkäse
4 EL Honig
einige Rosmarinnadeln
Salz
Pfeffer

1. Den Backofen auf 200 °C Ober-/Unterhitze vorheizen. Den gewaschenen Kürbis halbieren, die Kerne entfernen und den Kürbis in Scheiben schneiden.

2. Die Kürbisscheiben auf ein mit Backpapier ausgelegtes Backblech legen. Den zerbröselten Ziegenkäse, den Honig und die Rosmarinnadeln über die Kürbisscheiben verteilen. Mit Salz und Pfeffer würzen und ca. 30 Minuten im Backofen backen.

# GEFÜLLTE SCHNITZELRÖLLCHEN
## MIT KARTOFFELPÜREE UND BALSAMICO-TOMATEN

*Für 4 Personen*

800 g mehligkochende Kartoffeln
Salz
1 kleines Stück Kürbis
4 Schnitzel vom Schwein
Pfeffer
1 Kugel Mozzarella
Öl zum Braten
400 g Kirschtomaten
2 EL Zucker
50 ml Balsamico
100 ml Gemüsebrühe
250 ml Milch
100 g Butter
1 Msp. geriebene Muskatnuss

1. Die Kartoffeln schälen und in Salzwasser weich kochen. Den Kürbis falls nötig schälen, entkernen und in sehr dünne Scheiben schneiden. Einen Topf Salzwasser zum Kochen bringen. Die Kürbisscheiben darin 3 Minuten kochen, dann abgießen, unter kaltem Wasser abschrecken und trocken tupfen.

2. Das Fleisch mit einem Fleischklopfer flach klopfen, mit Salz und Pfeffer würzen und mit Kürbisscheiben belegen. Den Mozzarella in vier gleich große Stücke schneiden und jeweils ein Stück auf ein Schnitzel legen. Die Schnitzel einrollen und mit einem Zahnstocher feststecken.

3. 2–3 EL Öl in einer Pfanne erhitzen und die vier Schnitzelröllchen darin von allen Seiten 6–8 Minuten bei mittlerer Hitze anbraten. Die Tomaten vierteln, zusammen mit dem Zucker und dem Balsamico zum Fleisch geben und 3 Minuten mitköcheln lassen. Die Brühe zugießen, mit Salz und Pfeffer abschmecken und noch einige Minuten ganz leicht köcheln lassen.

4. Die Milch zum Kochen bringen. Die Kartoffeln abgießen und durch eine Kartoffelpresse drücken. Die heiße Milch, die Butter und die Muskatnuss unterrühren. Mit Salz und Pfeffer abschmecken. Die Schnitzelröllchen zusammen mit den Tomaten und dem Kartoffelpüree servieren.

# GEFÜLLTER KÜRBIS
## MIT PARMESAN UND KRÄUTERN

*Für 2 Personen*

1 kleiner Hokkaidokürbis
1 Zwiebel
1 Knoblauchzehe
Olivenöl
Salz
Pfeffer
Muskat
100 ml Sahne
3 Eier
5 EL Paniermehl
100 g geriebener Parmesan (es geht auch jede andere Käsesorte)
3 EL gehackter Rosmarin

1. Den Backofen auf 200 °C Ober-/Unterhitze vorheizen. Den gewaschenen Kürbis halbieren, die Kerne entfernen und den Kürbis aushöhlen, sodass der Rand noch ca. 1 cm dick ist. Die ausgehöhlten Kürbisstücke grob hacken.

2. Die Zwiebel und den Knoblauch schälen und hacken. Etwas Öl in einer Pfanne erhitzen, die Kürbisstücke, die Zwiebel und den Knoblauch darin anschwitzen. Mit Salz, Pfeffer und Muskat würzen. Die Sahne zugießen und einmal kurz aufkochen lassen.

3. In einer großen Schüssel die Eier mit dem Paniermehl, dem Käse und dem Rosmarin verrühren, das Kürbisfleisch mit der Sahne zugeben und alles vermengen. Die Kürbishälften in eine feuerfeste Form stellen und mit der Masse füllen. Im Backofen ca. 40 Minuten garen.

# HÄHNCHENBRUST
## MIT SCHARFEM APRIKOSEN-KÜRBIS-CHUTNEY

*Für 4 Personen*

200 g Kürbis
200 g Aprikosen
1 Knoblauchzehe
2 Schalotten
Pflanzenöl
100 ml Weißwein
Saft von ½ Limette
1 rote Chilischote
200 g Zucker
Salz
Pfeffer
2 EL gehackter Koriander
4 Hähnchenbrustfilets

1. Den gewaschenen Kürbis falls nötig schälen, den Kürbis und die Aprikosen entkernen und in sehr feine Würfel schneiden. Den Knoblauch und die Schalotten schälen und in sehr feine Scheiben bzw. Streifen schneiden. Das Öl in einem Topf erhitzen. Den Knoblauch und die Schalotten darin anschwitzen.

2. Den Wein, die Aprikosen, den Kürbis, den Limettensaft, die in feine Scheiben geschnittene Chili und den Zucker zugeben. Bei kleiner Hitze so lange köcheln lassen, bis der Kürbis weich ist und eine dickflüssige Masse entsteht. Mit Salz und Pfeffer abschmecken. Vor dem Servieren gehackten Koriander unterrühren.

3. Die Hähnchenbrustfilets waschen und trocken tupfen. Öl in einer Pfanne erhitzen, das Fleisch darin von beiden Seiten ca. 8 Minuten anbraten. Mit Salz und Pfeffer würzen. Das Fleisch zusammen mit dem Chutney servieren.

# SCHUPFNUDELN
## MIT KRAUT UND KÜRBIS

*Für 4 Personen*

400 g Kürbis
2 EL Öl zum Braten
2 Pakete Schupfnudeln (Kühlregal)
Salz
Pfeffer
100 g geräucherter und gewürfelter Speck (Vegetarier lassen den Speck einfach weg)
200 ml Gemüsebrühe
1 Dose Sauerkraut (ca. 400 g)
½ Bund Schnittlauch

1. Den Kürbis falls nötig schälen, entkernen und auf einer Reibe grob raspeln.

2. Das Öl in einer großen Pfanne erhitzen. Die Schupfnudeln darin von allen Seiten goldbraun anbraten. Mit Salz und Pfeffer würzen.

3. Den Speck zugeben und kurz mit anbraten. Die Gemüsebrühe, den Kürbis und das Sauerkraut mit Flüssigkeit zugeben. Bei mittlerer Hitze ca. 8–10 Minuten köcheln lassen. Den Schnittlauch in feine Ringe schneiden. Zum Schluss mit Salz und Pfeffer abschmecken. Vor dem Servieren mit Schnittlauch bestreuen.

# Kabeljau auf Kürbisrisotto

*Für 4 Personen*

**Risotto**
Olivenöl
3 Knoblauchzehen
4 Zwiebeln
500 g Risottoreis
500 g Kürbis in Würfeln (ca. 0,5 × 0,5 cm)
250 ml Weißwein
1,75 l Gemüsebrühe
150 g geriebener Parmesan
100 g Butter
Salz
Pfeffer

600 g Kabeljau
4 EL frische gehackte Kräuter (z. B. Petersilie, Koriander, Kerbel, Dill)
Saft von ½ Limette

1. Das Olivenöl in einem Topf erhitzen. Den Knoblauch und die Zwiebeln schälen und fein hacken. Im Olivenöl anschwitzen. Den Reis zugeben und kurz mit anschwitzen. Den Kürbis zugeben.

2. Mit dem Weißwein ablöschen. Nach und nach wenig Gemüsebrühe zugießen. Immer erst wieder nachgießen, wenn die meiste Flüssigkeit verkocht ist. Häufig umrühren, damit der Reis nicht ansetzt. Zum Schluss den Parmesan und die Butter unter das Risotto rühren. Mit Salz und Pfeffer abschmecken.

3. Den Backofen auf 200 °C Ober-/Unterhitze vorheizen. Den Kabeljau waschen, trocken tupfen und auf ein mit Backpapier ausgelegtes Backblech legen. Mit Salz würzen. Im Backofen ca. 12 Minuten garen.

4. Die Kräuter mit dem Limettensaft und 1–2 EL Olivenöl verrühren. Den Kabeljau in Streifen schneiden.

5. Das Risotto auf 4 Teller verteilen, das Kräuter-Limetten-Öl daraufgeben und die Kabeljaustücke darauf verteilen. Nach Belieben noch Parmesan über das Gericht hobeln.

# SPAGHETTI-KÜRBIS IN WEISSWEIN-SAHNESOSSE
## MIT HÄHNCHENBRUSTFILET UND KROSSEN ZWIEBELRINGEN

*Für 4 Personen*

1 Spaghetti-Kürbis
2 Zwiebeln
3 EL Mehl
Öl
4 kleine Hähnchenbrustfilets
Salz
Pfeffer
200 g Kirschtomaten
4 EL Butter
heller und dunkler Sesam
200 ml trockener Weißwein
400 ml Sahne
300 ml Gemüsebrühe
Petersilie zum Garnieren

1. Den ganzen Kürbis in einen großen Topf legen und mit Wasser bedecken. Das Wasser zum Kochen bringen. Ca. 25 Minuten köcheln lassen.
2. In der Zwischenzeit die Zwiebeln schälen und in dünne Ringe schneiden. Die Zwiebeln in einer Schale mit dem Mehl vermengen. 4–5 EL Öl in einer Pfanne erhitzen, die Zwiebelringe darin kross frittieren. Herausnehmen und auf einem Küchentuch abtropfen lassen.
3. Den Kürbis mit einer Schaumkelle herausnehmen, abschrecken und abtropfen. Den Kürbis halbieren, entkernen und dann mit einer Gabel das spaghettiähnliche Fruchtfleisch herausziehen.
4. Die Hähnchenbrüste waschen und trocken tupfen. Öl in einer Pfanne erhitzen und das Fleisch darin von beiden Seiten bei mittlerer Hitze ca. 10–12 Minuten anbraten. Mit Salz und Pfeffer würzen.
5. Die Tomaten vierteln. Die Butter in einer Pfanne erhitzen, den Sesam und die Tomaten zugeben. Das Kürbisfleisch dazugeben und alles 3–4 Minuten anschwitzen. Mit dem Weißwein ablöschen und mit der Sahne und der Gemüsebrühe auffüllen. Mit Salz und Pfeffer abschmecken und 3–4 Minuten köcheln lassen. Das Fleisch in Tranchen schneiden.
6. Den Spaghetti-Kürbis mit der Soße in 4 tiefe Teller geben, das Fleisch darauf verteilen. Zum Schluss die Zwiebelringe auf das Fleisch legen und mit der Petersilie garnieren.

# KARTOFFEL-KÜRBIS-GNOCCHI IN SALBEIBUTTER

*Für 4 Personen*

300 g mehligkochende Kartoffeln
500 g Kürbis
Salz
300 g Mehl
4 EL Speisestärke
2 Eigelb
Pfeffer
geriebene Muskatnuss
150 g Butter
100 ml Olivenöl
½ Bund Salbei
1 kleines Stück Parmesan

1. Die Kartoffeln schälen, den Kürbis falls nötig schälen und entkernen. Die Kartoffeln und das Kürbisfleisch würfeln und in Salzwasser gar kochen. Durch ein Sieb abgießen und zurück in den noch heißen Topf geben. 15 Minuten ausdämpfen lassen. Durch eine Kartoffelpresse drücken.

2. Das Mehl, die Stärke, die Eigelbe und die Gewürze zugeben und alles zu einem Teig kneten. Wenn der Teig sehr dünn ist, noch etwas Mehl und Stärke zugeben. Aus diesem Teig viele kleine Kugeln (Durchmesser ca. 2 cm) formen. Die Kugeln mit einer Gabel leicht eindrücken, sodass die typische Gnocchi-Form entsteht.

3. Einen großen Topf gesalzenes Wasser zum Sieden bringen. Die Gnocchi darin in vier Durchläufen garen (wenn sich zu viele auf einmal im Wasser befinden, kleben sie aneinander).

4. Eine Schüssel mit kaltem Wasser bereitstellen. Sobald die Gnocchi an der Wasseroberfläche schwimmen, diese mit einer Schaumkelle herausnehmen und in dem kalten Wasser abschrecken. Die Gnocchi in ein Sieb abgießen. Die Butter und das Öl in einer großen oder zwei normalen Pfannen erhitzen, den Salbei und die Gnocchi zugeben und ca. 5 Minuten unter gelegentlichem Schwenken anbraten. Mit Salz und Pfeffer würzen. Die Salbei-Gnocchi auf vier Tellern verteilen und mit gehobeltem Parmesankäse bestreuen.

# KÜRBIS-RAVIOLI IN SALBEIBUTTER
## MIT GEHACKTEN CROÛTONS UND TOMATEN

*Für 4 Personen*

1 helles Brötchen
Öl
Salz
2 Knoblauchzehen
2 Zwiebeln
300 g Kürbis
100 ml Brühe
1 Ei
200 g Frischkäse oder
Blauschimmelkäse
Salz
Pfeffer
1 frischer Pastateig (300 g)
100 ml gutes Olivenöl
10–15 Blätter Salbei
200 g Butter
300 g Kirschtomaten

1. Zuerst die Croûtons vorbereiten. Dazu das Brötchen in Scheiben schneiden. 3 EL Öl in einer Pfanne erhitzen, die Brotscheiben darin knusprig anbraten und salzen. Aus der Pfanne nehmen und grob hacken. Die gehackten Croûtons bis zum Servieren zur Seite stellen.

2. Für die Raviolifüllung Öl in einem Topf erhitzen. Den Knoblauch und die Zwiebeln schälen und fein hacken. Den Kürbis falls nötig schälen, entkernen und würfeln. Den Knoblauch, die Zwiebeln und den Kürbis im Öl anschwitzen. Mit der Brühe ablöschen und köcheln lassen, bis der Kürbis sehr weich ist. Vom Herd nehmen. Dann mit einem Pürierstab pürieren. Das Ei trennen. Den Käse und das Eigelb unterrühren und mit Salz und Pfeffer abschmecken.

3. Den Nudelteig auf einer bemehlten Fläche ausrollen und ca. 7,5 × 7,5 cm große Quadrate schneiden. Je ca. 1 EL Kürbismasse mittig daraufgeben. Den Rand mit dem Eiklar bestreichen, den Teig so überlappen, dass Taschen entstehen. Die Ränder gut andrücken.

4. Reichlich Salzwasser in einem Topf zum Sieden bringen. Die Ravioli darin ca. 5 Minuten gar ziehen lassen.

5. Für die Salbeibutter das Öl in einer Pfanne erhitzen. Die Salbeiblätter darin frittieren und herausnehmen. Die Pfanne vom Herd nehmen und die Butter in die Pfanne geben. Die halbierten Tomaten, die Ravioli und den Salbei zugeben. Mit Salz und Pfeffer würzen. Auf vier Tellern verteilen und mit den gehackten Croûtons bestreuen.

# RINDER-MINUTENSTEAKS
## MIT KÜRBISFRITTEN

*Für 4 Personen*

**Fritten**
½ Hokkaidokürbis
Öl zum Frittieren
grobes Salz

**Minutensteaks**
8 Rinderminutensteaks
Salz
Pfeffer
Paprikapulver
etwas Petersilie, grob gehackt

1. Für die Fritten den gewaschenen Kürbis in Stifte schneiden. Das Öl in einem Topf oder einer Fritteuse erhitzen. Die Kürbisstifte im heißen Fett 5–6 Minuten kross frittieren. Mit Salz würzen.

2. Eine Grillpfanne erhitzen, die Minutensteaks darin von beiden Seiten 2–3 Minuten scharf anbraten. Mit Salz, Pfeffer und Paprika würzen. Mit Petersilie bestreuen. Hierzu passt Kräuterbutter.

# KARTOFFEL-KÜRBIS-GRATIN

*Für 4 Personen (Beilage) oder 2 Personen (Hauptgericht)*

1 Zwiebel
1 EL Öl
500 ml Sahne
Salz
Pfeffer
Muskat
3–4 Zweige Thymian
500 g festkochende Kartoffeln
500 g Kürbis

1. Den Backofen auf 200 °C Ober-/Unterhitze vorheizen.

2. Die Zwiebel schälen und fein würfeln. Das Öl in einem Topf erhitzen und die Zwiebelwürfel darin glasig dünsten. Die Sahne zugießen, mit Salz, Pfeffer und Muskat abschmecken. Die Thymianblätter vom Stiel zupfen und zugeben. Alles kurz aufkochen.

3. Den Kürbis falls nötig schälen und entkernen, die Kartoffeln schälen. Die Kartoffeln und den Kürbis in sehr dünne Scheiben schneiden und in einer (oder mehreren kleinen) Auflaufformen nach Belieben schichten. Die Sahnemischung darüber verteilen. Im vorgeheizten Backofen ca. 40 Minuten backen.

# KÜRBISLASAGNE
## MIT APPENZELLER

*Für 4 kleine Auflaufformen*

**Béchamelsoße**
50 g Butter
50 g Mehl
200 ml Gemüsebrühe
500 ml Milch
Salz
Pfeffer
Muskat

**Kürbis-Tomaten-Masse**
2 Zwiebeln
2 Knoblauchzehen
450 g Kürbis
3 EL Olivenöl
1 Dose stückige Tomaten (425 ml)
Salz
Pfeffer
Zucker

8 Lasagneblätter
200 g geriebener Appenzeller
einige Blätter Petersilie

1. Für die Béchamelsoße die Butter in einem Topf schmelzen. Das Mehl zugeben und so lange rühren, bis eine glatte Masse entsteht. Mit wenig kalter Brühe ablöschen und verrühren, bis wieder eine glatte Masse entsteht. Den Rest der Brühe und die Milch zugießen. 10 Minuten köcheln lassen und zwischendurch rühren. Mit Salz, Pfeffer und Muskat abschmecken.

2. Den Backofen auf 200 °C Ober-/Unterhitze vorheizen. Für die Kürbis-Tomaten-Masse die Zwiebeln und den Knoblauch schälen und fein hacken. Den Kürbis falls nötig schälen, entkernen und in ca. 1 cm große Stücke schneiden. Das Öl in einem Topf erhitzen, den Knoblauch und die Zwiebeln darin anbraten. Den Kürbis zugeben und einige Minuten anbraten. Die Tomaten hinzugeben und alles gut vermengen. Ca. 5 Minuten leicht köcheln lassen. Mit Salz, Pfeffer und Zucker abschmecken.

3. In jede Auflaufform jeweils 4–5 EL Kürbis-Tomaten-Masse geben. Dann jeweils ein Lasagneblatt darauflegen. Danach das Lasagneblatt mit Béchamelsoße bedecken. Diese Schritte wiederholen und zum Schluss den Käse darüber verteilen. Im vorgeheizten Backofen 15–20 Minuten backen. Die Petersilie grob hacken. Vor dem Servieren mit Petersilie bestreuen.

# RINDERGULASCH
## MIT KÜRBIS UND BANDNUDELN

*Für 4 Personen*

1 kg Rindergulasch
3 EL Öl
200 g Zwiebeln
Salz
Pfeffer
1 EL Tomatenmark
2 EL Mehl
300 ml Rotwein
500 ml Rinderbrühe
einige Zweige Thymian
3 Lorbeerblätter
500 g Kürbis
Zucker
300 g Bandnudeln

1. Die gewürfelten Fleischstücke waschen und trocken tupfen. Das Öl in einem Topf erhitzen, das Fleisch darin von allen Seiten scharf anbraten. Die Zwiebeln schälen, würfeln und mit dem Fleisch anbraten, bis sie glasig sind. Mit Salz und Pfeffer würzen.

2. Das Tomatenmark zugeben und unterrühren. Das Fleisch mit dem Mehl bestäuben. Mit dem Rotwein ablöschen und etwas reduzieren lassen. Dann mit der Rinderbrühe aufgießen. Die Thymianblättchen und die Lorbeerblätter dazugeben. Das Gulasch abgedeckt ca. 1,5 Stunden leicht köcheln lassen. Hin und wieder umrühren.

3. Den Kürbis falls nötig schälen, entkernen, würfeln und zum Gulasch geben. Nochmals ca. 30 Minuten leicht köcheln lassen. Vor dem Servieren nach Belieben mit Salz, Pfeffer und Zucker abschmecken. Die Bandnudeln nach Packungsanweisung in kochendem Salzwasser zubereiten und zusammen mit dem Gulasch servieren.

# KÜRBISSCHNITZEL
## MIT GURKEN-LAUCH-SALAT UND PIKANTER TOMATENSOSSE

*Für 4 Personen*

**Salat**
1 Gurke
3–4 Stangen Lauch
6 EL Olivenöl
3 EL weißer Balsamico
Salz
Pfeffer
Zucker

**Tomatensoße**
1 Knoblauchzehe
1 Zwiebel
1 kleine rote Chilischote
1 EL Öl
1 Packung passierte Tomaten (500 ml)
2 EL Zucker

**Schnitzel**
2–3 Eier
8 Scheiben Hokkaidokürbis (ca. 0,5 cm dick)
4 EL Mehl
8 EL Paniermehl
6–7 EL Öl zum Braten
Petersilie zum Garnieren

1. Zuerst den Salat vorbereiten. Die Gurke und den Lauch waschen und in sehr feine Scheiben bzw. Ringe schneiden. Beides mit Olivenöl, Essig, Salz, Pfeffer und Zucker abschmecken und vermengen. Bis zum Servieren kaltstellen.

2. Für die Tomatensoße den Knoblauch und die Zwiebel schälen und fein hacken. Die Chili ebenfalls fein hacken. Das Öl in einem Topf erhitzen. Den Knoblauch, die Zwiebel und die Chili darin anbraten. Die passierten Tomaten zugeben und die Soße köcheln lassen. Mit Salz, Pfeffer und 2 EL Zucker abschmecken.

3. Die Eier verquirlen, mit Salz und Pfeffer würzen. Die Kürbisscheiben zuerst in Mehl, dann in Ei und zum Schluss in Paniermehl wenden. Das Öl in einer Pfanne erhitzen. Die Schnitzel darin von beiden Seiten ca. 4 Minuten goldbraun braten.

4. Die Schnitzel zusammen mit der Tomatensoße und dem Gurkensalat servieren. Mit Petersilie garnieren.

# Bildnachweis

Sämtliche Fotos stammen vom Studio Seiffe, Hamburg. Der Jan Thorbecke Verlag dankt für die freundliche Genehmigung zum Abdruck und die angenehme Zusammenarbeit, insbesondere dem Fotografen Arvid Knoll.

# Die Autorin

Carina Seppelt, 1988 im Münsterland geboren, lebt heute ihren Traumberuf als Foodstylistin und Rezeptentwicklerin. 2005 legte sie den Grundstein mit ihrer Ausbildung zur Köchin und kann seitdem ihre kreative Ader mit köstlichen Gaumenfreuden verbinden. Verschiedene Stationen im gesamten Bundesgebiet nutzte sie, um Erfahrungen im Bereich Foodstyling zu sammeln. Seit 2013 arbeitet sie deutschlandweit als freiberufliche Foodstylistin und Rezeptentwicklerin.

# Register

# PUMPKIN-PANCAKES
## MIT BLAUBEEREN

*Für 4 Personen*

150 g Kürbis
2 EL Puderzucker
1 kleine Prise Salz
3 Eier
300 ml Milch
200 g Mehl
2 TL Backpulver
Öl zum Backen
1 kleine Schale Blaubeeren
4 EL Ahornsirup
evtl. Puderzucker zum Bestäuben

1. Den Kürbis falls nötig schälen und entkernen. Den Kürbis auf einer Reibe grob raspeln. Mit dem Puderzucker in einen Messbecher geben und fein pürieren.

2. Das Kürbispüree, das Salz, die Eier und die Milch in eine Rührschüssel geben. Alles mit einem Mixer aufschlagen. Das Mehl und das Backpulver mischen und durch ein feines Sieb in die Rührschüssel sieben. Unterrühren, bis ein gleichmäßiger Teig entsteht.

3. Öl in eine Pfanne geben und die Pancakes bei mittlerer bis stärkerer Hitze goldbraun braten. Die Pancakes noch warm mit Blaubeeren und Ahornsirup servieren. Nach Belieben zusätzlich mit Puderzucker bestäuben.

# PUMPKIN-CHEESECAKE

*Für einen kleinen eckigen Backrahmen*

**Boden**
200 g Butterkekse
80 g Butter (Zimmertemperatur)
1 kleine Prise Salz

**Cheesecake**
250 g Kürbis
150 g Puderzucker
1 Vanilleschote
3 Eier
Zimt
Saft und Abrieb von 1 Limette
500 g Frischkäse
1 kleine Prise Salz

**Karamellsoße**
8 weiche Sahne-Karamellbonbons
3 TL Milch

1. Den Ofen auf 170 °C Ober-/Unterhitze vorheizen. Den Backrahmen auf die kleinste Größe zusammenschieben, gut fetten und auf ein mit Backpapier ausgelegtes Backblech stellen.
2. Die Butterkekse in einen Gefrierbeutel geben und mit einem Nudelholz fein zermahlen. In eine Schüssel füllen und mit der Butter und dem Salz vermengen. Die Masse auf den Boden des Backrahmens verteilen und fest andrücken. Den Boden im vorgeheizten Backofen 10 Minuten backen.
3. Den Kürbis falls nötig schälen, entkernen und auf einer Reibe grob raspeln. Mit dem Puderzucker vermischen und mit einem Pürierstab fein pürieren.
4. Die Vanilleschote halbieren und das Mark herauskratzen. Die Eier in einer großen Rührschüssel mit einem Mixer schaumig schlagen. Das Vanillemark, den pürierten Kürbis, den Zimt, den Limettensaft und -abrieb, den Frischkäse und das Salz unterrühren. Die Masse in den Backrahmen geben. Den Cheesecake im vorgeheizten Backofen ca. 50 Minuten backen.
5. Nach dem Backen vorsichtig den Kuchen vom Rand lösen, aber noch nicht den Backrahmen entfernen. Den Cheesecake komplett auskühlen lassen.
6. Die Karamellbonbons grob hacken und zusammen mit der Milch in einem Topf bei kleiner Hitze leicht köcheln lassen, bis die Bonbons geschmolzen sind. Das Karamell auf dem gesamten Kuchen verteilen und diesen kaltstellen, bis der komplette Kuchen einmal durchgekühlt ist.

# KÜRBIS-APFEL-KONFITÜRE

*Für 500 ml*

250 g Kürbis
250 g Apfel
250 g Gelierzucker 2 : 1
1 Msp. Zimt
1 Msp. gemahlener Kardamom
1 TL fein gehackter Ingwer
Saft von 1 Zitrone

1. Den Kürbis falls nötig schälen, entkernen und in kleine Würfel schneiden. Den Apfel waschen, entkernen und in kleine Würfel schneiden.

2. Alle Zutaten in einen Topf geben. Langsam aufkochen lassen. Etwa 10 Minuten köcheln lassen. Mit einem Pürierstab bis zur gewünschten Konsistenz pürieren.

3. Die Konfitüre heiß in sterilisierte Weckgläser füllen, verschließen und umgedreht (auf dem Deckel stehend) abkühlen lassen.

# KÜRBIS-MUFFINS
## MIT WEISSER SCHOKOLADE

*Für 12 Stück*

150 g weiche Butter
150 g Zucker
2 Eier
350 g Mehl
3 TL Backpulver
200 g Kürbis
200 g weiße Schokolade oder Kuvertüre
100 ml Milch
evtl. Puderzucker und Schokoladenblättchen

1. Den Backofen auf 180 °C Ober-/Unterhitze vorheizen. Die Butter und den Zucker zusammen in einer großen Rührschüssel mit einem Handmixer aufschlagen, die Eier nach und nach zugeben und schaumig schlagen.

2. Das Mehl und das Backpulver vermischen und unterrühren, sodass eine gleichmäßige Masse entsteht. Den Kürbis falls nötig schälen, entkernen und raspeln. Die Schokolade hacken. Zum Schluss die Kürbisraspel, die gehackte Schokolade und die Milch unterrühren.

3. 12 Muffinförmchen in eine 12er-Muffin-Backform legen und den Teig darin verteilen. Die Muffins 35–40 Minuten backen. Vor dem Servieren nach Belieben mit Puderzucker und Schokoladenblättchen garnieren.

# KÜRBISPARFAIT
## MIT GEWÜRZPFLAUMEN, KARAMELLISIERTEN WALNÜSSEN UND PISTAZIEN

*Für 4 Personen*

**Parfait**
1 Vanilleschote
200 g Kürbis
Saft einer Zitrone
etwas gemahlener Zimt
80 g Zucker
150 g Sahne

**Karamellisierte Walnüsse und Pistazien**
50 g Walnüsse
50 g Pistazienkerne
5 EL Zucker

**Pflaumen**
ca. 10 Pflaumen
1 Msp. gemahlener Koriander
1 Msp. gemahlener Sternanis
½ TL gemahlener Zimt
5 EL Zucker

1. Die Vanilleschote halbieren und mit dem Messerrücken auskratzen. Den Kürbis falls nötig schälen und entkernen. Das Kürbisfleisch auf einer Reibe grob raspeln und in einem Topf zusammen mit dem Vanillemark, dem Zitronensaft, dem Zimt und dem Zucker kurz aufkochen. Mit einem Pürierstab pürieren und in eine Rührschüssel füllen. Die Masse im Kühlschrank komplett abkühlen lassen.
2. Die Sahne steif schlagen und vorsichtig unter die Kürbismasse heben. Die Parfaitmasse in vier Tassen oder andere Formen füllen und mindestens 4 Stunden in das Gefrierfach stellen.
3. Die Walnüsse und die Pistazien grob hacken. 5 EL Zucker mit 2 EL Wasser in einer Pfanne erhitzen, bis eine hellbraune Masse entsteht, der Zucker also anfängt zu karamellisieren. Dann die gehackten Nüsse und Kerne in das Karamell geben, miteinander vermengen und zum Auskühlen auf ein Backpapier schütten. Wenn das Karamell kalt und fest ist, das Backpapier entfernen und die Nüsse nochmals grob hacken.
4. Die Pflaumen waschen, trocken tupfen, halbieren, entkernen und sechsteln. Die Pflaumenstücke zusammen mit dem Koriander, dem Sternanis, dem Zimt und dem Zucker in einen Topf geben und bei mittlerer Hitze ca. 7 Minuten köcheln lassen.
5. Das Parfait aus den Formen stürzen und zusammen mit den Gewürzpflaumen und den karamellisierten Walnüssen und Pistazien servieren.

# DESSERTS, GEBÄCK, KUCHEN & CO.